官箴荟要

十二

綫裝書局

目录

在官法戒录·总论

〔清〕陈弘谋 撰

《在官法戒录》系清人陈弘谋从自己为官之亲历亲见亲闻中，体会到政治清浊、国计民生实系于吏员之素质及德行。故『吏之为责，不亦重乎！』然而，吏员长期在官府供职，会沾染各种恶习，滋生各种弊端，危害到百姓利益。因此，他在听政之暇，采辑历代典籍中有关吏胥之事，并加以评论，『广为分布，以代文告。』全书共四卷，卷一为总论，卷二卷三为法录，卷四为戒录。本书收录时选其卷一部分。

在官法戒录卷之一

总论

太公《阴符》曰：『治乱之要，其本在吏。吏有重罪十：一、吏苛刻；二、吏不平；三、吏贪污；四、吏以威力胁民；五、吏与吏合奸；六、吏与人无惜；七、吏作盗贼，使人为耳目；八、吏贱买贵卖于民；九、吏增易于民；十、吏震惧于民。夫治者有三罪，则国乱民愁；尽有之，则民流亡而国不可守。』又曰：『为吏守职，为民守事，各居其道，则国治；国治，则都治；都治，则里治；里治，则家治；家治，则善恶分明；善恶分明，则国无事；国无事，则外不怀怨，内不徼争。』《后汉书》注

《周官》自府史胥徒，以至鄙师县正之属，皆所谓吏也。太公所言十重罪，已尽后世作吏之弊。天下治乱，实基于此。为吏者，当知己与命官，虽有尊卑，其为民生休戚所系则一，不可不自勉也。

王仲宣曰：大凡执法之吏，不窥先王之典，缙绅之

儒，不通律令之要。彼刀笔之吏，岂生而察刻哉，起于几案之下，长于官曹之间，无温裕文雅以自润，虽欲无察刻，弗能得矣。竹帛之儒，岂生而迂缓也，起于讲堂之上，游于乡校之中，无严猛断割以自裁，虽欲不迂缓，弗能得矣。本集。

为吏者，熟悉律例，可以断狱决疑，此用其所长也。若用以舞文，或务为深入，则流毒便不可当。非法之有弊，乃心之无良也，可弗戒与。

范蔚宗曰，曾子云：『上失其道，民散久矣。如得其情，则哀矜而勿喜。』夫不喜于得情则恕心用；恕心用则可寄枉直矣。夫贤人君子断狱，其必主于此乎？郭躬起自佐史，小大之狱必察焉。原其平刑审断，庶于勿喜者乎？若乃推己以议物，舍杖（状）以探情，法家之能庆延于世，盖由此也！《后汉书·郭躬传论》

狱吏虽微，而其操生杀之权，与大吏等。且凡狱之成，皆以初上之狱辞为据，轻重出入之间，尤不可以不慎也。范史论郭氏之兴，而归本于察狱平刑，哀矜勿喜，其所以示劝者深矣。

刘公非曰：东西汉之时，贤士长者，未尝不仕郡县也。自曹掾、书史，驭吏、亭长，门干、街卒、游徼、啬夫，尽儒生学士为之。才试于事，情见于物，则贤不肖较然。故遭事不惑，则知其智；犯难不避，则知其节；临财不私，则知其廉；应对不疑，则知其辩。如此，则察举易，而贤公卿大夫自此出矣。《文献通考》

曹有东西曹、功曹、贼曹诸名，如今之各房科是也。掾者，属吏之称。书史，主录记。驭吏，驭车者。亭长，收捕盗贼，游徼，循禁奸盗。啬夫，主赋后，平争讼。街卒，如今之巡兵。门干，门下办事小吏也。此皆近世所称为贱役，而古昔则儒生学士往往为之，诚以人之树立，各视其志，不系乎职之贵贱耳。汉公卿多起小吏，而两京人才之盛，吏治之隆，后世莫能及。岂不可慕而可法哉！

苏东坡知徐州，上言：汉法，郡县秀民推择为吏，考行察廉，以次迁补，或至二千石，入为公卿。古者不专以文词取人，故得士为多。黄霸起于卒史，薛宣奋于书佐，朱邑选于啬夫，邴吉出于狱史，其馀名臣循吏由此而进者，不可胜数。唐自中叶以后，方镇皆选列校以掌牙兵。

是时，四方豪杰，不能以科举自达者，皆争为之，往往积功以取旄钺。虽老奸巨盗，或出其中，而名卿贤将，如高仙芝、封常清、李光弼、来瑱、李抱玉、段秀实之流，所得亦已多矣。今世胥史牙校皆奴仆庸人者，无他，以不用故也。今欲用胥史牙校，而胥史行文书，治刑狱钱谷，其势不可废鞭挞。鞭挞一行，则豪杰不出于其间。故凡士之刑者不可用，用者不可刑。臣愿陛下采唐之旧，使监司郡守，共选士人，以补牙职。皆取人材心力有足过人，而不能从事于科举者，禄之以今之庸钱，而课之镇税、场税、督捕盗贼之类。自公罪杖以下，听赎。依『将校法』，使长吏得荐其才者，第其功阅，书其岁月，使得出仕，而不以流外限其所至。朝廷察其尤异者，擢用数人，则豪杰英伟之士，渐出于此途，而奸猾之党，可得而笼取也。本集

文武异才，各有所托而兴。自古流品，诚不足以限人也。今世吏胥，多由读书未就，执事公门，未尝非士类也。及以吏员入官，为守令，为监司，未尝限其所至，与唐宋流外官之制不同。有志者，正可乘时自奋矣。若夫鞭挞之施，视乎其人之自爱与否。人果有心向上，必能守法远罪，又何必废刑，而后士有可用乎。

东坡《论积欠状》云：凡今所催欠负，十有六七皆圣恩所贷矣。而官吏刻薄，与圣意异，舞文巧诋，使不该放。大率县有监催千百家，则县中胥徒，举欣欣然日有所得。若一旦除放，则此等皆寂寥无获矣。自非有力之家，纳赂请赇，谁肯举行恩贷？而积欠之人，皆邻于寒饿，何赂之有？其间贫困扫地，无可蚕食者，则县胥教令通指平人，蔓延追扰，自甲及乙，自乙及丙，无有穷已。每限皆空身到官，或三五限，得一二百钱，谓之『破限』。官之所得至微，而胥徒所取，盖无虚日，俗谓此等为『县胥食邑户』。嗟乎！圣人在上，使民皆为奸吏食邑户，此何道也！臣自颍移扬，舟过濠、寿、楚、泗等州，所至麻麦如云。每屏去吏

卒，亲入村落，访问父老，皆有忧色，云丰年不如凶年。天灾流行，民虽乏食，缩衣节口犹可以生。若丰年举催积欠，胥徒在门，枷棒在身，则人户求死不得。孔子曰『苛政猛如虎。』以今观之，殆有甚者。水旱杀人，百倍于虎，而人畏催欠，乃甚于水旱。臣窃度之，每州催欠吏卒，不下五百人，以天下言之，是常有二十余万虎狼散在民间，百姓何由安生？朝廷仁政，何由得成乎！同上

追呼之扰，摹写曲尽。读此而不动心，犹刮民脂髓，快其吞噬者，真与虎狼无异。天地间如何容得！

廖莹中曰：古者，尚书令史，防禁甚密。宋法，令史白事，不得宿外。虽座命亦不许。李唐令史不得出入，夜锁之。韩愈为吏部侍郎，乃曰：『人所以畏鬼，以其不见鬼，如可见，则人不畏矣。选人不得见令史，故令史势重，任其出入，则势自轻。』不禁吏出入，自文公始。《江行杂录》

宪司之有关防，皆为吏胥作弊而设。若使人人守法奉公，何妨洞开重门。愿诸曹皆以君子自待，勿使上人视之如鬼，且防之若盗也。

沈存中曰：天下吏人素无常禄，唯以受赇为生，往往致富者。熙宁三年，始制天下吏禄，而设重法以绝请托之弊。《梦溪笔谈》

今书办原给饭食之费，即吏禄也。若辈动云『靠山吃山，靠水吃水，』岂能分外不取一钱？但须不骫于法，无碍于理者方可，若专以索诈为事，赃罪既多，未有不身罹重法者。所得之钱，正如刀头之蜜，食之未必能饱，而适足以杀身。亟宜翻然悔悟也。

李之彦曰：谚有之『杀人偿命，欠债还钱』，理也。近世豪家巨室，威力使令，逼人致死，但捐财贿，饵血属，坦然无事。至如人或逋负，督迫取偿。必使投溺自经然后已。由此观之，乃是杀人还钱，欠债偿命。《东谷所见》

豪家恃势鱼肉小民，未有不结交胥吏者。胥吏贪其贿赂，未有不甘心为之指使者。夫胥吏于所害之人，大抵乡里相识，非亲即友，何忍助恶为虐。苟能出其良心，主持公道，不为富豪所使，则富豪无所倚恃，或稍知敛戢，不致肆行无忌，丧厥身家。所全者，岂独在贫弱之人乎！

又曰：今日囹圄，供答不由于民情，可否一听于吏

手。往往自撰情款一本，令囚人依本书之，更不可增损一字，真情无所赴愬，吁天神不闻，号地祇不听，痛哉！痛哉！夫狱讼，所以平曲直、雪冤枉也。今有财者胜，无财者负；有援者伸，无援者屈；豪强得志，贫弱衔冤，此岂国家之福耶！愿司听断者，在在持平如衡，事事至公如鉴，天下何患不太平。同上

临审私串口供，既审删改招册，种种弊端，无非为钱所使。须知词讼内帮一边，必害一边，己之所得有几，人之受累无穷。故鉴、虚、衡、平四字，不独官府之良规，亦吏人之要训也。

又曰：『贪、欲』二字，坏尽世间人。得便宜处再往，得便宜事再做，终有悔吝之时。今日进得一步，明日又求进一步，恐是颠隮之兆。堆金积玉，来处要明，越分过求，余殃在后。卧病垂死，术数未休。几年劳役，一场春梦。纵饶得受用，能有几多时哉！同上

世俗所称得便宜，不过为声色货利耳。不知此皆身外之物，营求何益？况衙门中所得之钱，更多罪过，几见害众成家，子孙享用者乎！惟一生行几件善事，与人方便，身心何等快乐，兼可贻福后嗣。愿身在公门者，毋忘『来处

分明』之一语也。

李昌龄曰：人之处世，不可不积阴德。夫不积阴德者，未见其有后也。故于定国父，治狱多阴德，而知其子孙必兴。孙叔敖有埋蛇之阴德，而母知其必贵。信有之矣！然阴德亦甚易积，不独富贵有力者，虽寻常之人，皆可积也。盖所谓积阴德者，非谓广散金谷、斋设僧道、建造寺观，然后谓之积阴德。凡为此者，乃愚人作业福，非积阴德也。或曰：『何谓业福？』予对曰：『盖彼所聚之财，取之多不义。取不义之财，而广布施、设斋供，故谓之作业福，非积阴德者也。所谓积德者，常操不害物之心，出入起居，种种行方便，如此便是积阴德也。今姑以其小者言之，如蛾之赴火，蚁之堕渊，而吾能救之，亦是积阴德。矧夫人有饥寒，吾能饱暖之；人有疾厄，吾能安乐

之，救人之患难，解人之仇怨，济人之困贫，不没人之善，不成人之恶，不言人之过。凡此之类，皆积阴德也。常以方便存心，随力行之不已，则阴德亦厚矣。殆见福寿之增崇，门户之盛大，子孙之荣显，不求而至。予言不欺，力行之可也。』《乐善录》

方便处处可行，公门中尤易行；罪孽处处可作，公门中尤易作。此篇虽为众人说法，于吏役尤切，所当书绅也。

马贵与曰：西汉公卿士大夫，或出于文学，或出于吏道。亦由上之人，并开此二途以取人，未尝偏有轻重。故下之人，亦随其所遇，以为进身之阶。而人品之贤不肖，初不系其身之或为儒，或为吏也。故公孙弘之儒雅，丙吉之贤厚，龚胜之节掺，尹翁归之介洁，亦不嫌于以吏发身。则所谓吏者，岂必皆浮薄刻核之流，而后始能为之乎！东京才智之士，亦多由郡吏而入仕，以胡广之贤，而

不免为郡散吏；袁安世传《易》学，而不免为县功曹；应奉读书，五行并下，而为郡决曹史；王充之始进也，刺史辟为从事；徐穉之初筮也，太守请补功曹。当时并不以为屈也。《文献通考》

又曰：成周之制，元士以上，命官也；府、史、胥、徒，庶人之在官者也。然下士与庶人在官者同禄，则未尝贵官而贱吏也，后世为胥吏者，作奸犯科，不自爱重，故为世所轻，而儒者尤耻与为伍。秦弃儒崇吏，西都因之。萧、曹以刀笔吏佐命为元勋。故终西都之世，公卿多出胥吏，而儒雅贤厚之人，亦多借径于吏以发身。其时，儒与吏未甚分别，故以博士弟子之明经者，补太守卒史而不以为恧也。同上

观此二条，可知自古吏胥为储才之地。今虽不能如昔所云，而有志者，正不因吏胥而贬损也。尚其激昂奋发，媲美前贤，为吏胥吐气也。

王凝斋曰：自圣贤以至于凡庶，其德远矣；自割股以至勃磎，其行远矣；自让国以至攫金，其事远矣。由初而言，善恶之间，不能以发，而其终之远，乃如是焉。独不免为习所移尔！习之移人，虽豪杰之士，有不能免者，而况于中材乎！此为人上所以有教也。《掾曹名臣录·序》

孔子以『性相近，习相远』为训，则天下之大，无人不在相近相远之中。而其易于相远，且多由善而习于不善者，莫如胥吏。盖以处为恶之地，入为恶之群，又有可以为恶之才，迫以不得不为恶之势，故一为吏胥，而终其身无为善之日，子孙受为恶之害，不可胜计矣。序掾曹而首论及此，其勉胥吏也至矣。

予承乏侍郎，摄印章而治财赋，阴观诸司掾吏，有知琴书，可教诲。因录我朝名士出于掾曹至显宦者数人，为一卷以示，皆有勃然兴起之色。乃知人性果不相远，一脱故习，至君子不难矣。同上

天下之人，有知书者，即有不知书者。惟胥吏无不知书者也，即无不可教诲者也。世人于胥吏，贪鄙者慕而效之，不然，则又鄙夷而厌贱之，未有思所以教之者。凝斋作传以示，使之勃然兴起，其望胥吏也厚矣。

昔元好问曰：自风俗之坏，上之人以徒隶遇佐史，

甚者，先以机诈待之。廉耻之节废，苟且之心生，顽钝之习成，实坐于此。而佐史亦以徒隶自居，身辱而不辞，名败而不悔。甚矣，人之不自重也。吁！遇之以徒隶，待之以机诈，我固不可以不自省。若自暴自弃，而不自重，尔曹岂可以不戒乎！同上

人虽至愚，见人以机诈苟且顽钝相待，未有不愁然怒者。惟胥吏则视为固然，恬不为耻，及其犯法罹刑，亦复不以为辱。固由待之者非，亦胥吏之自待先薄也。凝斋以此自省，并冀胥吏之自重，其警省乎吏胥也，抑又切矣。按：凝斋先生，名鸿儒。少工书法，未为人知。里人有为府史者，尝以其书置府中。知府段坚，见而奇之，遂收之门下，卒成名儒。是其一生之学问渊源，功名际会，皆由吏胥中阅历得来，故言之亲切而有味也。观所录十三人，皆卓然自立，不为习俗所移者。豪杰之士，不可闻风兴起乎！至于从案牍中别识人材，以广造就，则尤官长雅意。凝斋之心，亦即段公之志耳。

颜光衷曰：古云『公门中好修行，』何也？夫公门常常比较，时时刑罚，其间贫而负累，冤而获罪，愚而被欺，弱而受制，呼天控地，无可告诉。惟公门人，下接民隐，上通官情，艰苦孤危之时，扶持一分，胜他人方便十分；宽假一次，胜他人方便十次。若能释贫解冤，教愚扶弱，无

乘危索骗，无因贿酷打，无知情故枉，无舞文乱法，则一日间，可行十数善事。积之三年，有数万善事。人当困厄，谁不知感？神明三尺，宁无保祐？自然吉庆日至，子孙昌盛。如其不然，怨毒之财，得亦非福也。《迪吉录》

亲切指点，见得衙门中人，随处可以为善也。积德固易，积恶亦易。视人存心如何耳。

王心斋倡道海陵郡，诸掾吏以事至海陵，相率诣之。先生无他言，第曰：『心地好，前程保。』《言行汇纂》

六字可作掾吏箴。盖惟心地好，则不妨于作吏。不然，未有不造恶招祸者也。

陈眉公云：汉人取吏，曰『廉平不苛。』平，则能在其中矣。曰『廉能』者，后世不熟经术之论也。《长者言》

人须心中无欲，方能心平。心平，方能事平。故廉又为平之本。吏多不能廉，亦不肯廉，故动多不平之事。虽有能，适足济其恶耳。

又曰：当官若不行方便，做甚么？公门里面好修行，凶甚么？刀笔杀人人自杀，唆甚么？举头三尺有神明，欺甚么？他家富贵前生定，妒甚么？前世不修今受苦，怨甚么？岂可人无得运时，急甚么？人世难逢开口笑，恼甚么？补破遮寒暖即休，摆甚么？才过三寸成何物，馋什么？死后一文将不去，吝甚么？前人田地后人收，占甚么？得便宜处失便宜，贪甚么？聪明反被聪明误，巧甚么？虚言折尽平生福，谎甚么？是非到底自分明，辨甚么？恶人自有恶人磨，憎甚么？冤冤相报几时休，仇甚么？人生何处不相逢，狠甚么？世事真如一局棋，算甚么？谁人保得常无事，诮甚么？穴在人心不在山，谋甚么？欺人是祸饶人福，卜甚么？《言行汇纂》

《劝世歌》曰：心不光明点甚灯？念不公平看甚经？大秤小斗吃甚素？不孝父母斋甚僧？妙药难医冤业病，横财不富命穷人。利己害人促寿算，积善修行裕子孙。人恶人怕天不怕，人善人欺天不欺，暗中阴骘分明有，远在儿孙近在身。守口莫谈人过短，自短何曾说与人。生事事生君莫怨，害人人害汝休嗔，欺心折尽平生福，行短天教一世贫。《解人颐》

二则皆警世通言，余取其尤切于胥吏也，故节录之。官衙中人，果能每日常念此一遍，诸般过恶，自从此减矣。

《惜字十八戒》：卖旧书废纸与人。印封残册废卷同 遗弃污秽中。脚下践踏。糊窗壁。覆瓿裱画。拭几砚。擦垢秽。燃灯夜照。点火吃烟。刀剪裁破。因怒扯碎。以书籍作枕。与妇女夹针线。嚼烂吐地。塞墙壁孔内。烧灰仍弃于地。《言行汇纂》

《广惜字真诠》：下笔有关人性命者，此字当惜。下笔有关人名节者，此字当惜。下笔有关人功名者，此字当惜。下笔属人闺阃阴事及离婚字者，此字当惜。下笔离间骨肉者，此字当惜。下笔谋人自肥、倾人自活者，此字当

惜。下笔凌高年、欺幼弱者，此字当惜。下笔挟私怀隙、故卖直道、毁人成谋者，此字当惜。下笔唆人构怨、代人架词者，此字当惜。下笔恣意颠倒是非、使人含冤者，此字当惜。下笔喜作淫词艳曲、兼以诗札讥诮他人者，此字当惜。下笔刺人忌讳、令终身饮恨者，此字当惜。同上

以上二则，相传为文昌帝君语。事虽无考，而文字发天地之秘，起万化之原，为圣人所作，敬之则蒙福，亵之则获祸，此千古不易之理也。身在官衙，以纸笔给事，几案丛杂，最易犯不敬之罪。至《广惜字》各条，则今之胥吏，所习以为利。而惟恐其不能者也。下笔时苟存慎惜之心，则于为善去恶也，不远矣。

徐太室曰：一手诘盗，一手窃盗赃，故前盗死而后盗生。一面惩奸，一面窥奸妇，故此奸伏而彼奸起。《归有园麈谈》

衙门中日日治奸治盗，而胥役不免为奸盗之事。千般计巧，所瞒昧者止一官耳。衙门而外，人人自为奸盗，清夜扪心，能不通身汗下。

胡端敏公曰：瞒人之事弗为，害人之心弗存，则为良吏。《存业编》

此二语，亦人所易知。但身入公门，则无人不作瞒人害人之态，无时不行瞒人害人之计。且有自悔不能瞒人害人者，有惟恐瞒人害人之不巧者，时地使然，习而不察耳。愿书此二语于廨舍，以为群吏朝夕之警焉。

龚戆庵问龙潭老人曰：『近世善恶报应颇觉差池，岂苍苍者亦愦愦耶？』龙潭指天而语之曰：『此老虽不急性，却有记性。要其终，观之可也。』同上

不急性，不过幸免于旦夕。有记性，断难免祸于将来，所谓『到头终有报』也。世有身为胥吏，倚官衙权势陷害良民，以致家益富饶，门户鼎盛者。人每惊而异之，甚且羡慕而效法之。是皆不知天之有记性者也。

宋潜溪曰：积邱山之善，尚未得为君子；贪丝毫之利，便已陷于小人。《言行汇纂》

凡为吏胥，固无事无时不作图利想也，尝自问能不陷于小人否？

人不改过，多是因循退缩。须奋然振作，从前种种，譬如昨日死；从后种种，譬如今日生。如毒蛇啮指，速与斩除，无丝毫凝滞。此风雷之所以为益也。同上

人之指吏胥，皆曰『衙蠹』，盖由贪利如饴，作恶种种，吸人脂膏，有如蛇蝎也。苟欲改恶从善，当如昨日死，今日生，方可振作。更当看作毒蛇啮指，方可斩除。稍一因循，毒重难救矣。可不惧哉！

凡吏立身正直，自能服人。若动逞意气，故作威棱，此怨府也。同上

逞意气而作威棱，意气有时而平。若使衙门胥吏倚附权势，吞噬无餍，其为怨府也，不知几何矣！

可以一出而救人之厄，一言而解人之纷，此亦不必过为退避也。但因以为利，则市道矣。同上

救厄解纷，莫如在官之人。所虑者，以财利为行止，全无公义。包揽扛帮，如虎生翼；教猱升木，祸胎怨府。岂止市道而已。

华彦民曰：蛾之种类不一。有一种名曰『扑灯蛾』，似蝶而小。夜飞见灯则扑之，遂殒其躯。夫蛾之扑灯，向明而来，初岂谓其害己哉！必资其气焰，利其膏泽，故轻身投之。迨知祸，则已无及矣。《解人颐》

胥吏倚势作奸，舞文纳贿，将谓得财可以养生，未几身命难保。然则非理营逐，早夜孜孜，唯恐不巧者，正其招祸取死，唯恐不速者也。与扑灯之蛾，何以异耶。

唐翼修曰：凡为公门胥役者，其处心积虑，大约与屠业者相似。初未尝不具慈悯心，积久便成杀机，习惯则生意日微矣。故有初入衙门，犹有顾忌之念，到老年便成猾贼，良心澌灭殆尽。又有自家尚是好人，竟

置右职。而梁任昉有厉吏人讲学诗。然则昔之为吏者，皆曾执经问业之徒，心术正而名节修，其舞文以害政者寡矣。《日知录》

为吏用通艺明经之人，以其明理而后可以任事，有识而后可以有为也。今之吏胥，未尝非曾读经书之人，乃读书时原为营求科第。徒资口耳，全无心得。一旦弃举业入公门，益视经书为无用。其存心行事，虽显悖经书，亦不及顾。心术如何不坏？名节如何能立？顾先生此议，崇重学术，厚望吏胥，两得之矣。

又曰：《周官·太宰》：『乃施典于邦国，而陈其殷，置其辅。』后郑氏曰：『殷，众也。谓众士也。辅，府史。庶人在官者。』夫庶人在官而名之曰『辅』，先王不敢以厮役遇其人也。重其人，则人知自重矣。 同上

柳子厚言：『有里胥而后有县大夫，有县大夫而后有诸侯，有诸侯而后有方伯连率。』其间等威贵贱，迥不相侔，而其事则皆敷政理民，以辅佐天子者也。试看今日檄行，不曰『该管官吏』，则曰『官参吏处』。事无大小，有主持之官，即不能无承行之吏。苟明于陈殷置辅之义，吏益知所以自重爱，而不肯知法而犯法矣。

又曰：元初，有宪官疾，吏往候之。宪官起，扶杖而行，因以杖授吏。吏拱手却立，不受。宪官悟其意。他日见

吏，谢之。吏曰：『某为属吏，非公家僮，不敢避劳，虑伤理体。』是则此辈中未尝无正直之人。顾上所以陶镕成就之者何如尔。 同上

吏胥苟有欲心，惟恐官之不任用，凡百依附谀悦，求为家僮而不得，何惜持杖耶？不肯持杖之吏，不但识体，其心中必有卓然自立、泰然无愧者也。官不以此见责，而反谢之。益见吏苟自重，官无不重之也。

又曰：汉自曹掾以下，无非本郡之人，故能知一方之人情，而为之兴利除害，其辟用之者，即出于守相。故广汉太守陈宠入为大司农，和帝问在郡何以为理。宠顿首谢曰：『臣任功曹王涣，以简贤选能；主簿镡显，拾遗补阙。臣奉宣诏书而已。』帝乃大悦。至于汝南太守宗资，任功曹范滂；南阳太守成瑨，委功曹岑晊，并谣达京师，名标史传。 同上

有不能兴利除弊之官，无不知民情土俗之吏。以吏皆本郡之人也。论同里相关之意，官尊而吏亲也，官暂而吏久也。惟吏有损人利己之心，遂有倚势作奸之事。不能为力于官，而且有害于官；不能造福于本郡，而且遗祸招怨于本郡。然则今日之官不任吏，而且以听信吏胥为讳也，岂非吏之自取哉！闻王涣诸人之风，可以兴矣。

魏环溪曰：凡不义之财，不可以供神，不可以祭祖，不可以献亲，不可以贻子孙，不可以修家祠、置坟墓、买书籍，惟济贫救荒、施药埋骨、修桥补路，庶几可耳。《寒松堂集》

大凡胥吏贪财，止虑其不能取之，不虑其不可以用也。若知不义之财之不可以用，则贪心自淡。其已取而不义者，惟有为赈荒、埋骨、修桥等用，庶几免悖出之患，可以晚盖于末路也。

熊勉庵《公门不费钱功德例》曰：随事方便。不勒讨儿卖女钱。不唆人兴讼。不无中生有索诈。不拨制官长生事。不捺案。不妄引重律。牌票招详字眼，不改轻为重。不吓骗乡愚。不生枝节提人，一夫到案，合户不宁。不唆盗贼扳仇家。不轻口嘈杂人。不乘危索骗。不轻败人体面。不哄提人伺候。不受买嘱妄加锁锢。不假公造语陷人。不洗补字眼入人罪。不入罪不下死煞字语。笔下超生，此之谓也。杖笞不聚人一处。不因无钱恨刑。不杖人腿湾。不浪费人茶饭。不破坏人婚姻。不叨准呈禀。不滥差人动众。不重备刑具。不诬害良民。不索

铺堂。不轻拿窝家。不轻写票收人监铺。不轻票取人物。不逼病人妇女到官。不使百工经纪折本。不坏人功名性命。不离人骨肉。不惊动邻佑。不献恶法横征酷比。不迎官意虐民。不使人饥饿。轸恤狱囚。矜原差误。已赦罪犯，勿复提起。已蠲钱粮，勿勒减销。水旱请官早报灾伤，设法赈济。批回速请发。解到速请审。事属暧昧，或关闺阃，稍可缓止，切勿送佥。前件未完，勿挂后件，使人伺候。多送正风俗兴利除害告示。失节事无论贵贱，虽目击必为辨解。节孝之名，不论低微，虽传闻，必为表扬。学役时常清洁圣殿两庑。常请劝修整齐。常称人节孝德行。不轻传劣迹恶款。《宝善堂格言》

托身公门，欲其损财以利人，诚有所难。此不费钱功德例中，有第不取非理之财，而即可以利人者；有本无财之可取，但于人所不经意处，略一检点，人即受惠无穷者。总之，皆未尝费己之财也。胥吏役卒，造恶多端，造福亦多端，其概总不出此。每日自省一过，有则改之，无则加勉，其为功德也多矣。

孙可庵曰：衙门中人，见利不顾死生。一得宠，则不计利害。官若假以词色，便到处骗人。其门如市，假势横行，四民畏之如虎，亲戚亦气焰逼人。凡有身家之念者，俱礼之为上宾；大家宦族，俱畏之如蛇蝎。而若辈扬扬自得，目中且不知有天日，又乌知有法纪？士民切齿，人言鼎沸，甚可畏也。《为政第一》编

凡此皆今之胥吏，所夸为得时兴头者也。岂知其存心行事，无异蛇蝎，而人且畏之如虎耶？不知天日，不知法纪之人，其何以保身家，贻子孙也？

又曰：官有蠹役，如书之有蟫，音淫，书中白虫木之有蛀，残蚀既久，书破木空。书役弊窦孔多，其弊也，皆其蠹也。蠹国蠹民，平时不觉，一旦破败，投鼠而忌其器，批根而动其枝，官且难保，蠹虽死，何足惜耶。同上

世上贪财害义，种类甚多，惟衙门中人，则名之曰蠹。以其倚势肆毒，而人不及觉也。书蟫木蛀，生长寝食于书木之中。藏身日固，噬害日深。未几书破木朽，蟫蛀同归于尽。几见有书中之蟫，木中之蛀，而可以长久者耶？为官者固不可藏蠹以自蚀，为吏胥者亦何苦自居于蠹，以速其死亡耶！

鹿门子曰：民之当恤者五：正额之外复有加派，加派之外复有预支，朝廷未得其一，胥吏已吞其十，此宜恤者一也。舟车之外复有兴作，兴作之外复有差遣，朝廷未用其一，官吏已役其十，此宜恤者二也。由是夜卧霜雪，滴泪成冰；夏冒炎暑，挥汗如雨；官从鞭捶，伍长辱詈；饥无餱粮，渴无浆饮，此宜恤者三也。至若乡居农夫，身未履法堂，目未睹官长，遇公差，则战栗吞声；见里长，则仓皇变色，科派独受其多，力役先当其楚，此宜恤者四也。耰锄释而仓空，杼柚停而丝尽；破肤裂指不免于寒；沾体涂足不免于饥，公门有舞文之吏，里巷有剥脂之奸，终岁之勤，不足以供诸蠹，此宜恤者五也。《感应篇注》

官虽至暴，必由胥隶助成其虐；官虽至仁，必藉胥隶施行其惠。试看此五者之扰民，何一非经胥隶之手乎？噫！民生困苦，固望官能恤之，尤望吏胥之肯恤之也。

天随子曰：胥吏作奸，转易字面，伪移文卷，空中遗

人情忙中有错；或以常行事件，可免操心，而书吏之舞弄，正在此种下手；或以事属偶行，少懈关防，而奸民之伺隙，正于此攻我；或以苟且而开陋例之端；或以草率而贻后人之患，皆不慎使然也。《尚书》云：『不矜细行，终累大德。』正谓此耳。

申报详结，皆有限期；催征批解，皆有定候。此为处分管住，不患不勤。所最宜留意者，独自理词讼耳。审一案，辗转经年；押一人，沈搁数月。果系好讼之徒，两造负气相争，挟私行诈，诚不足惜。乃有户婚田土，到官清理，亦使之守候拖累，或居间攀涉，因之废时失业，受害无穷。不勤之弊，小者如此，大更可知。

故清、慎、勤三字之训，居官者所当时刻铭心云。

清

杜祁公曰：作官第一要清，然无求人知。苟欲人知，同列不谨者必谮己，上不加察，适取祸耳。但默而行之，无愧于心可也。

事迹

晋胡威字伯虎，淮南人。父质以忠清显，为荆州刺史。威往省之，质赐威绢一匹，威跪白曰：『大人于何得此？』质曰：『是吾俸禄之余，故以为汝粮耳。』威受而去。至客舍，自放驴，取樵食毕，就道。及威为徐州，世祖赐见，因谓之曰：『卿清孰与父？』对曰：『臣清不如也。臣父清，畏人知；臣清，畏人不知。』

孔奂字休文，晋陵守，清白自励。妻子不入衙斋，得俸即分赡孤寡，一郡号曰神君。富人殷绮见其俭素，馈以毡衣，奂谢曰：『百姓未周，岂容独享温饱？』

房彦谦泾阳令，所入俸廪，悉以周故旧，谓子玄龄曰：『吾无所遗，但「清白」二字尔。』

蒋沇历四县令，美政流行。郭子仪军出其县，敕麾下曰：『蒋沇令县，供亿当清素，去得蔬饭足矣，毋挠其清也。』

明都宪刚峰海公，卒于官舍。同乡苏民怀简其宦囊，竹笼中俸金八两，葛布一端（六丈），旧衣数件而已。王凤洲评之云：『不怕死，不爱钱，不立党。』此九字，断尽海公生平。

杭州郡守张公讳文德，莅任来，动遵清、慎、勤三字。俭约自奉，平易近人，不妄取民间丝粒，不受僚属馈遗。听讼折以情理，不轻笞罚。大怒不怒，而公庭肃然。每

云：『他人身家性命，自己子孙阴骘，方便若不行些，真个这番可惜。』复大书此语于座右。浙人莫不颂其慈廉，去杭日，闾巷尽为流涕。

李袭誉素清谨，禄俸悉给贫交，余则置书满架。尝谓诸子曰：『吾性不喜财，家故中落。然赐田数顷可耕，桑百株可蚕，书四壁可读。汝能勤此，无资于人矣。』

罗维德任宁国县时，一日喜动颜色，幕友刘寅问之，答曰：『顷吾族十数人，以饥荒远来，乞吾周济。所积俸余，一时分散殆尽。家大人以下及诸眷属，无有阻挠我者，为是畅然耳。』

赵轨为齐州别驾，被召入朝，父老挥涕曰：『别驾官清如水，请酌一杯水奉饯。』轨受饮之。

耿九畴为两淮盐运使，廉名大著。尝坐水傍，一童子

曰：『水之清，不如使君之清。』天顺初，欲举廉介之士以风天下，首召用为都御史，后为尚书。子耿裕遵其父教，世守清修，不营产业，不治第宅，萧然无异寒素，亦官太子太保、吏部尚书。

张之才知阳城县，清谨爱民。及去任，辞汤庙诗云：『一官来此四经春，不愧苍天不愧民。神道有灵应信我，去时犹似到时贫。』

姚希得字逢源，知静江。官署旧以锦为幕，希得曰：『吾起家书生，安用此！』命以布易之。日惟啖菜，一介不妄通也。

吴文恪公讷字敏德，性诚实。仁宗时以荐举拜御史，巡按贵州，还，三司赍黄金百两，追送至夔州。文恪不启封，题诗谢之曰：『萧然行李不艰难，便过前途最险滩。

若有赃私并土物，河神莫许讷生还。』后官至都御史。

凌冲知含山县，一毫不妄取。秩满，归装有一砚，冲视之曰：『非吾来时物。』命还之。

李远庵居官清苦，常俸外不取一毫。郑晓出远庵之门，同官南京数年，岁时只一寒温而已。一日侍坐既久，晓有布鞋在袖，逡巡不敢出。远庵问：『袖中何物？』郑曰：『晓妇手制一布鞋，奉老师。』远庵取而着之。生平受人物，仅此而已。又晓为文选时，里中仕宦有馈金首饰者，承筐而覆以茗。公直谓茗也，受之入夫人手，拨茗知之，击屏语公。公不动声色，第整理其茗，覆筐如初。出召其人谓曰：『吾初以家适乏茗，故拜君惠。顷入内询，家尚有余茗。心谢尊意，已受之矣。』令持归。夫清者易刻，廉者好名。既无二者之病，而又出之从容谦婉，比之杨伯起四知，更难矣。

先朝尚书刘南垣公请老家居。有直指使者以饮食苛求属吏，郡县患之，公曰：『此吾门生，当开谕之。』俟其来，款之曰：『老夫欲设席，恐妨公务，特留此一饭。但老妻他往，无人治具，家常饭能对食乎？』直指以师命不敢辞。自朝至午，饭尚未出，直指饥甚。比饭至，惟脱粟饭，豆腐一器而已。各食三碗，直指觉过饱。少顷，佳肴美酝，罗列于前，不能下箸。公强之，对曰：『已饱甚，不能也。』公笑曰：『可见饮馔原无精粗，饥时易为食，饱时难为味，时使然耳。』直指喻其训，后不敢以盘飧责人。

包孝肃做秀才时，不受富家酒馔。其后本处作郡，富家犯罪，公得以法治之。由此观之，学者于饮食之间，不可视为细事而忽之也。

念庵罗公清介，归囊无一文，道经芜湖，病亟，抽分项东瓯为调医药。有扬贾犯重辟，愿献十金求解，项欲以此为公寿，公力却，事乃寝。既而思曰：『是大贾不活矣，项君必以我故而不脱之狱。』乃贻书谢项，因潜为解之。贾得生，不知为公力也。

万历中，王万祥为巡江御史。居官极廉，而性严刻，捶楚之下，有以小过而被重刑者，有以轻罪而致殒命者，先后之间，不下数十。未几得病，常有冤鬼前后呼叫，僚佐往候之，无不闻者，数日而死。夫清以持身可也，然不宜刻以绳人，居官任性者可以为鉴。

金某为湖南县令，贪秽无厌，士民憾之。金自谓清廉，访民之怨己者，擒而痛治。后以贪婪为督抚所劾，家产入官，身死狱中。

格言

倪文节云：不为子孙积善，而为子孙积财，多积不义之财，以付不肖子孙，助其骄淫，其败尤速。故曰：『积金以遗子孙，子孙未必能守；积书以遗子孙，子孙未必能读；不如积阴德以遗子孙，庶几可久。』旨哉是言！愿贪得者三复之。

张洪阳云：清贵容，仁贵断。莫苛刻以伤厚，莫硗确以沽名。毋借公道遂私情，毋施小惠伤大体。凭怒徒足损己，文过岂能欺人。处忙更当以闲，遇急便宜从缓。分数明可以省事，毁誉忘可以清心。正直可通于神明，忠信可行于蛮貊。

刑官无后，而清官亦往往无后，何也？盖持己清者，恒刻以绳人，不免多入轻为重之弊。每见士大夫居官颇

廉介，身死未几，而子孙寥落不振，毋亦犯此病欤？居官任性者，不可不以此为鉴。

颜茂猷曰：居官之人，业自诗书礼乐中来，岂不知廉洁足尚？习见夫营官还债，馈遗荐拔，非此不行，初犹染指，而积久日滋，性情已为芬膻所中矣。且人心何厌，至百金则思千金，至千金必思万金。又甚则权势熏赫，财帛充栋，已积为陈朽而犹未足也。旁观莫不笑之，而当身者不知，盖实有钱癖焉。大都为子孙计久远，不知福禄有数，多得不义之财，留冤债与子孙偿，非所云福也。至于立庙祀，赡宗族，救穷亲，固是美事，然有欲速尽美之心，则悖入必甚，何如积德凝祥，官久自富之为绵远哉！凡居官嗜酒、嗜淫、嗜杀，皆起于嗜财；嗜财之病，皆起于纵意成习；习已成时，肝肠为换，舍死以殉矣。有初筮仕

时，犹能矜持，至老境却低回就之者，只缘渐渐以官为家，以财为性命耳。然犹胜于一入荣膴，便带锄头畚锸来也。

凡受贿则必酷，彼以为不用严刑，则群情不惊，货贿不来也。受贿则必横，彼以为不颠倒曲直，则理胜于权，人有所恃以无恐也。受贿则必护近习，通意旨，彼以为不虎噬成群，则威令不重，不曲庇私人，则过付无托，且短长既为所挟，肝肠阴有所屈也。一贪生百酷，一酷吏又生百爪牙，吁！民命几何，而不穷且盗哉！又其甚者，官爵愈大，统辖愈众；一人受赂，则千人骫法；千人弄法，则万人助虐。如元载之胡椒八百石，贾似道之糖霜八十瓮，夫固已乱天下矣，然其积蓄亦安在哉！

薛文清云：有卖法以求赂者，诚何心哉！夫法所以治奸顽也，奸顽有犯，执法治之，则良善者获伸矣。若纳贿而纵奸顽，则良善之冤抑何自而伸？良善之冤抑不伸，是不惟不能治奸顽，而又所以长奸顽也。据高位，载显名，秉三尺者，忍为此态乎？

《言行汇纂》曰：『财也大，产也大，后来子孙祸也大。借问此理是何如？子孙财多胆便大，天来大事也不怕，不丧自家不肯罢。财也小，产也小，后来子孙祸也小。借问此理是何如？子孙无财胆也小，些微生业知自保，少使俭用也过了。』

慎

先哲云：官府政事繁多，下情阻隔，全在虚心体察。倘任其聪明，恃其刚介，挟其意气，种种皆能枉人。惟其难其慎，著实推求，庶几有得于情形之表，若任意行之，小民岂能免于受屈哉！

事迹

孔光事成帝，凡典枢机十余年，守法度，修故事。时有所言，辄削草稿，以为彰主之过以讦忠直，人臣大罪也。有所荐举，唯恐其人之闻知。沐日归休，兄弟妻子燕语，终不及朝省政事。或问光：『温室省中何树？』光嘿不应，更答以他语。其不泄如是。

刘超字世瑜，临沂人。以忠谨清慎为元帝所拔，恒亲侍左右，遂从渡江，专掌文檄。于时天下扰乱，伐叛讨贰，超自以职在近密，而书迹与帝手笔相类，乃绝不与人交书。时出休沐，闭门不通宾客。处身清苦，衣不重帛，家无担石之储。每帝所赐，皆固辞，帝嘉之，不夺其志。

杨再思凤阁侍郎，恭慎畏忌，未尝忤物。或曰：『公

名高位重，何屈折如此？』再思曰：『世路艰难，直者受祸，苟不如此，何以全身？』

欧阳文忠公贬官彝陵时，公余之暇，欲觅《汉书》消遣，一时无从买借。因取架上历年旧官所定公案，阅之，其间大半曲直乖错，慨然太息曰：『彝陵一小邑耳，尚尔如是。天下至大，其负冤戴屈者，曷可穷诘耶？』于是仰天誓心，遇事倍加谨慎。三年入相内阁。人以为公之相，文名才望所致，公曰：『非关翰墨，实当年誓心一言之效也。』

刘安世问尽心行己之要，司马温公曰：『自不妄语始。』安世终身服膺，故其进而议于朝者无隐情，退而语于家者无愧辞。

杨文定公溥，谦谨小心，吏卒亦不敢慢。尝曰：『士

君子一言一行，幽明无愧，然后无负于父母生身之恩。』

胡寿安初任信阳，调获鹿，永乐中任新繁。在官未尝肉食，三宰大邑，不携妻子之任。或诮之，胡曰：『吾辈读圣贤书，论居官治民之法，孰不欲砥砺名节？及登仕路，以耳目玩好声色之物，丧所守者多矣。矧妇人稚子，尤易惑乎！』

薛文清公曰：『居官不接闲杂人最好。不止巫祝尼媪宜疏绝，至于工艺之人，虽不可缺，亦当用之有时，不宜久留于衙署，令子弟僮仆与之亲狎。此辈能变易听闻，簸弄是非，又能倚势行恶。至于贤士，固当礼接，然亦有本非贤士，或假文词，或假书画，以媒进，一与之款洽，即堕其术中。即如房琯，名相也，不能谨于用人，因而琴工黄廷简出入门下，倚势为非，遂为相业之玷。』又曰：『凡

居官者，心有一毫之偏向，则人必窥而知之。余尝使一走卒，见其颇敏捷，每驱使之，他人即有趋重之意。以此知居官者极宜谨慎，不可一毫偏向也。』

许襄毅公进，察狱详慎。时有单县妇饷其夫，食毕而死。翁姑陈于官，妇自诬服，自是天久不雨。公曰：『夫妇相守，人之至愿，鸩毒杀人，计之最密者也，焉有自饷于田而投鸩者哉！』遂询其所馈饮食，所由道路，饷妇曰：『鱼汤米饭，度自荆林。』公乃买鱼作饭，投荆花于中，试诸狗彘，无不死者。即日妇冤遂白，大雨如注。

李规祥居宪职，一日暮过三升桥，忽闻呼冤声，两两三三，相逼而来。规祥大惧，急驰归署，陡觉委顿。召诸子戒之曰：『汝辈异日入仕，切勿为刑名官。吾生平自谓清谨，那知今日尚有此怪事，岂非决狱不慎之故欤？』自此

曰：『居官者先以暴怒为戒，暴怒为害甚多。』

颜壮奇曰：官司簿书如麻，下情阻隔，吏役诸人，或乘其烦冗，或乘其怒气，或乘其忙错，而顺欺之，一时失察，皆能枉人。及文案已定，即明知其枉，而有无可如何者矣。昔彭惠安居官立身，不异古人，只误杀一孝子，遂获凶报。甚矣哉，居官之难也！

薛文清公云：处事最当熟思缓处。熟思则当其情，缓处则得其当。事最不可轻忽，虽至微至易者，皆当以慎重处之。一事而关人终身，总实见实闻，不可着口。一语而伤我长厚，虽闲谈酒谑，慎勿形言。

朱文公告陈同父云：『真正大英雄人，却从「战战兢兢，临深履薄」处做将出来。若是血气粗豪，却一点使不着也。』此论于同父，可谓顶门上一针矣。后世之士，残忍刻核，能聚敛，能杀戮者，则谓之有才；使酒骂座，无忌惮，无顾藉者，则谓之有气。计利就便，善排阖，善倾覆者，则谓之有智。一旦临利害得丧死生祸福之际，鲜有不颠沛错乱震惧陨越而失其守者，况望其立大节，弥大变乎？此无他，任其气禀之偏，安其识见之陋，骄恣傲诞，不知有所谓『战战兢兢，临深履薄』之工夫故也。

汪焕曾《学治臆说》云：语有之，『州县官如琉璃屏，触手便碎。诚哉是言也！』一部《吏部处分则例》，自罚俸以至革职，各有专条。然如失察，如迟延，皆为公罪，虽奉职无状，大率犹可起用；若以计避之，则事出有心，身败名裂矣。故遇有公罪案件，断断不宜回护幸免，自贻后悔。

又云：凡侵贪挪移，以及滥刑枉法诸条，皆己所自犯，谓之私罪。夫公罪之来，虽素行甚谨，亦或会逢其适；私罪则皆孽由自作。果能奉公守法，节用爱人，夫何难免之有？

勤

西山真氏云：勤敏居官，职分所当然也。聪明有限，事机无穷，竭一人之精力，以防众奸之作慝，已非易事。而耽延杯酌，恣情声色，赋诗品奕，遂以词讼、文券、招详、钱粮、牌票一切为闲务，置之膜外，不特负朝廷，且害民生甚大也。然则当如何？清心节欲，早起夜眠，一心正事；勿以酒色自困，勿以荒乐自戕；时时检察，孜孜敏行；毋谓姑俟来日，则事无不理矣。

事迹

陶侃为广州刺史，在州无事，辄朝运百甓于斋外，暮

运于斋内，人问其故，答曰：『吾方致力中原，过尔悠游，恐不堪事，故自劳耳。』常语人曰：『民生在勤。大禹圣人，乃惜寸阴；至于凡俗，当惜分阴。岂可但逸游荒醉，生无益于时，死无闻于后，真自弃也。』程伊川自省云：『农人祁寒暑雨，深耕易耨，吾得而食之。百工技艺，作为器物，吾得而用之。介胄之士，披坚执锐，以守土宇，吾得而安之。无功泽及人，而浪度岁月，晏然为天地间一蠹。古人云：「民劳则思，思则善心生；乐则淫，淫则恶心生。」孟子以「饱食暖衣，逸居无教，为近于禽兽」。然马牛尚能引重致远，直豢豕而已矣。』

裴耀卿勤于政事，夜看牍，昼决讼。养一雀，每初更有声，至五更则急鸣，耀卿呼为『知更雀』。厅前桐树，群鸟翔集，耀卿以乌鸣为出厅之候，呼为『报晓鸟』。

韩魏公知大名州，事无大小，悉亲视之。寝食不废，案牍就决卧内。或以公任事过劳，劝委属佐，公曰：『讼狱，人之大事，生死得失，决于一言，何可略也？吾尝恐有所不尽，况敢委于人乎！』

司马光勤亲庶政，不舍昼夜。宾客见其体羸，引诸葛亮『食少事烦』以为戒，光曰：『生死，命也。』为之益力。病革不复自觉，谆谆如梦中语，皆朝廷大事。

罗适字正之，为江都令。凡便民事，悉为区画：荒旱则设法引水，水患则筑堤捍御之，又使民多种桑麻。讼速决，不事淹留。黎明视事，昏夜乃止。或讥其太劳，曰：『与其委成于吏，使民有不尽之情，孰若自任其劳，俾百姓无不平之怨。』不数月政化。

孙忠烈居官恒自许曰：『此心不敢不尽，此身不敢

不劳。』巡抚江西，日亲庶政，常至夜分；漏五下即起，秉烛而坐。四载独居，不携家属。

钱明逸久在翰林，出为泰州牧，因而怏怏，常不视事。魏公闻之，叹曰：『意虽不惬，独不念所部十万生灵耶？奈何怠废贻害！』

格　言

《天游集》云，东坡言：『人心一息不可纵逸，闲散既久，毛发微事，便自不堪。』诚哉是言也！余平日之病，正坐于此。自幼以读书为业，除把笔攻文之外，世事茫然不知。才有毛发，便蹙蹙不安矣，盖懒惰之害也如此。陶侃，豪杰士也，朝运百甓于斋外，暮运于斋内，岂无所用其心哉？正以人心一懒，则百体俱息；百体俱息，则心日荒而万事废矣。

审有期，又必邀同邻证，先期入城，并有亲友之关切者，偕行观看。及至临期示改，或狡者有所牵引，谕侯覆讯，则期无一定，或三五日，或一二十日，差不容离，民须守候，工商旷业，农佃雇替，差房之应酬，城寓之食用，无一可省。迨事结，而两造力已不支，辗转匮乏，甚有羁絷公所，饥寒疾病，因而致死者。呜呼！官若肯勤，何至于是！其负屈不审，抑郁毕命者无论已，更有事遭横逆，不得已告官，候之久而批发，又候之久而传审，中闲数日，逆横之徒，复从而肆扰，皆怠者滋之害也。故莫善于受牒时，诘讯，虚即发还；其准理者越夕批发，克期讯结。官止早费数刻心，省差房多方需索，养两造无限精神。至讼归教唆，往往控一事而牵他事，以为拖累张本。然项庄舞剑，意在沛公，得其本指，立可折断，万勿株连瓜蔓，以长刁口。古云：『有治人，无治法。』余为进一解曰：『无治法，有治心。』但求不负此心，则听讼必无大枉。且国家之厚吏，有常禄，有养廉，居官之日，皆食民之日，乃不以之求治，而博奕饮酒，高卧自娱，民必怨，神必怒，如之何其不畏耶！

又曰：勤之为道难言矣。求之太急者，病在躁，疾行无善步，其势必蹶，道贵行之以渐。一鼓作气者，病在锐，强弩之末，不能穿鲁缟，其后难继，道贵守之以恒。渐则因时制事，条理无不合宜。恒则心定神完，久远可以勿倦。『靡不有初，鲜克有终』，念之哉！

石渎子曰：清、慎、勤三字，乃居官之真修。不清，则我取一也，下取百焉；我取十也，下取千焉。我以之适口，民以之浚血。我以之华体，民以之剥肤。我以之纳交游，民以之卖妻子。我以之遗子孙，民以之损田庐。我以之恣歌舞，民以之啼饥寒。伤哉！以此思清，清其有不至乎？不慎，则一出令之误也，而蹠盗之弊生。一听言之误也，而壅敝之奸作。一用人之误也，而狐鼠之妖兴。一役使之误也，而劳怨之声起。一听断之误也，而劝惩之道塞。一重辟之误也，而冤孽之报随。悲夫！以此思慎，慎其有不至乎？不勤，则一人之逸，百人之劳。我之欲寝也，日得无有立而待命者乎？我之欲休也，日得无有跂而望归者乎？案牍之留也，日得无有藉以为奸者乎？狱讼之积也，日得无有久系冻饿者乎？嗟嗟！以此思勤，勤其有不至乎？夫恻隐之心，人皆有之，见此而不动心者，无人心者也。

俭

居家宜俭，居官尤宜俭。人情愈奢，则愈纵，始而贪，继而酷，皆自不俭始。夫膏粱与粗粝，同一果腹；文绣与布帛，同一章身。吾纵不必矫情干誉，学公孙之脱粟布被，独不可择其平等，居不丰不啬之间乎？况居官一日，起居服御，可省不止一二端，但能杜绝汰侈念头，便不至浮费无度，自尔留余不尽矣。如此乃不至侵用官项，骏削民膏，身心俱泰，寝食皆安，虽粗粝何尝不甘，布帛何尝不适哉！俭则安分，俭则洁己，俭则爱民，俭则惜福。故曰：俭，美德也，官箴也。

事迹

萧何置田宅，必居穷僻处，为家不治垣屋，曰：『后世贤，师吾俭；不贤，毋为势家所夺。』

公孙弘以宰相封侯，为布被，食不重肉。汲黯曰：『弘位在三公，俸禄甚多，而为布被，此诈也。』上问，弘谢曰：『三公为布被，诚饰诈以钓名。然无汲黯忠，陛下安得闻此言？』武帝益厚遇之。

徐陵性清简，禄俸与亲族共之。太建中，食建昌邑，邑户送米至水次，陵亲戚有贫匮者皆令取之，数日便尽，陵家寻至乏绝。府僚怪而问其故，陵云：『我有车牛衣裳可卖，余家有可卖否？』

李文靖公为相，治第于封邱门内，厅事前仅容旋马。或言其太隘，公笑曰：『居第当传子孙，此为宰相厅事诚隘，为太祝奉礼厅事已宽矣。』张文节公为相，自奉养如为河阳掌书记时，所亲或规之曰：『公今受俸不少，而自奉若此，公虽自信清约，外人颇有公孙布被之讥，宜少从

众。』公叹曰：『吾今日之俸，虽举家锦衣玉食，何患不能！顾常人之情，由俭入奢易，由奢入俭难。吾今日之俸，岂能常有？一旦异于今日，家人习奢已久，不能顿俭，必致失所。岂若吾居位去位，身存身亡，常如一日乎！』

寇准为枢密学士，赐帛甚多。乳母泣曰：『太夫人不幸时，求一缣作衾襚不可得，岂知有今日哉！』公闻恸哭，尽散金帛，寝处只一青帏，二十余年，有破坏，命补缀。

杜祁公家居，每食惟一面。或言其太约，公曰：『衍本一措大，今幸显擢。然名位福禄，以及冠带服用，皆出朝廷恩赐，一旦去位，复为措大，何以自奉？不若淡泊节省，穷达一致之为愈也。』

陈文惠公尧佐，见动物必戒左右勿杀；器服坏，随

是，欲坏清风；我死，望汝辈纯素，难也。』亟令送还，易之。

李文节《燕居录》云：范文正公捐宅基为苏州府庠，至今人士教育其中。向使公为私第，不知今落何氏。故善建者不拔。

章文懿公懋谓董遵曰：『待客之礼，当存古意，今人多以酒食相尚，非也。闻薛文清居家留客，只一荤一素，酒三行。魏文靖在家，客至留饭，只一肉一菜。二公可以为法。』

万历时，王贻德为嘉兴太守，清廉过人。一日同僚诸妇会宴，夫人归，有不悦意。公问之，曰：『彼皆官小于汝，而其内人衣服首饰皆华美，我若此，得不自愧乎？』公曰：『今日谁坐首席？』夫人曰：『我也。』公笑曰：『既坐

首席，又要华饰，天下恐无此全福。』夫人由是释然。

滋阳牛真谷运震，雍正癸丑进士。乾隆初荐举博学鸿词，廷试未取。后官陕西秦安、平番等县，有政声。尝与人书云：『仆为县官有三字，曰「俭简检」而已。俭者，薄于自奉，量入为出，所谓以约失之者鲜，此不亏空、不婪赃之本也。简者，令繁则民难遵，体亢则下难近，一切反之：毋苛碎，毋拘执，毋听陋例，毋信俗讳，仪从可减则减之，案牍可省则省之。检者，天有理，人有情。吏部有处分，上司有考课。豪强将吾伺，奸吏将吾欺。入一钱，乙诸简，将毋纳贿；施一枝，榜诸册，将毋滥刑：此检字诀也。』后年五十三，无疾而殁。殁之前数日，屡梦游金碧楼台，醒语家人曰：『吾将寻吾好梦，设不醒，慎勿惊。』果睡去。岂慧业文人赴玉楼之召耶？抑醇儒循吏殁而为神

耶？未可知也。

江西朱相国轼，巡抚两浙，未尝见其服一新衣。一日过鼓楼前，见卖酒妇服饰华丽，因唤至署中。命卖酒妇入厨下，见一妇衫裙皆布，以为厨下人，问之，始知即夫人，恐惧谢罪。公因诲之曰：『尔夫一日所入几何？可如是穿着耶？我夫人食不过粗粝，衣不过布帛。非力不能办，但当为天地惜福耳。』卖酒妇出，相传，一郡尽归俭朴。公俭约如此，宜乎入相内廷，为天下宗仰也。

太学二生，生同年月日时，又同发解。过省后，一人受鄂州教授，一人受黄州教授。未几黄州者死，鄂州者为治后事，祝曰：『我与公年月日时同，出处同，公先舍我去。使我今即死，已后公七日矣。若有灵，宜托梦以告。』其夜果梦云：『我生于富贵，享用过当，故死。公生于寒微，

未得享用，故活。』以此知人享用不可过。后鄂州教授官至典郡。

格言

尝读《书》曰：『克勤于邦，克俭于家。』人第知家之宜俭，不知居官临民者，更宜以俭相绳。盖国家廉俸有常，人念奢侈无度：金樽玉斝，器必精工；细葛轻裘，服必华丽。脂车秣马，壮我观瞻；食美饮甘，遂我哺啜。甚至娇婢娈童，一呼百诺。穷奢极欲，取给无门。由是百计搜求，贪得无厌，势不能不籍下民之脂膏，以供骄奢淫佚之念，其流毒可胜言耶？！呜呼！吾侪策名筮仕，惟日孜孜焉，顾念民瘼，尚恐贻讥于竽滥。乃反以官场为享福之地，借临民为行乐之方；不顾上天难欺，妄谓下民易虐。一旦失足，灾辱临身，噬脐何及？！虽然，所谓俭者，非宜

用而必不用，乃应用而不过用耳。果能处则节制以持己，出则简从以便民，相与除华而崇实，久之观感而化。不惟有以答造物之仁，抑且有以锡苍生之福；不惟有以延子孙之泽，抑且有以端风教之原矣。昔季元衡有云：『与其贪饕以招辱，不若俭而守廉；干求以犯义，不若俭而全节；侵牟以聚仇，不若俭而养福；放肆以遂欲，不若俭而安性。』至哉言乎！洵堪则效。

人之所以不能作好官，皆因割舍不得。或本身上有累，或所得之缺原有亏空，若不就，又无生业，接任后，又因私债逼迫，长官规礼，所得之项，不得不先以之费用。加之官亲长随，从中分肥，所用浮于所得，势有不得不设法取之百姓。官一动手，则胥吏更无忌惮，不至溃败不已。一旦发觉，大家星散，独有一官身受其罪，波及妻子。

十载寒窗，盖为是乎！曰：究将如何而后可作好官？曰：无他，只六字耳：『忍耐、割舍、省俭，若能持定，便是好官。到任后仍如寒士，非忍耐不可。上官要钱，故作声色，非有割舍此官心肠，不能持定；见金不动，亦非二字不可。省俭不在一身，衣马服用，署中一切都从省俭，则一岁之入自有盈余。先将仓库补足，将自身死罪赎出，后将私债还清，以免烦扰。以上俱从省俭中盈余出来，并非妄取于民，而民岂不视之如父母耶？既得民心，非好官而何！若遇不爱钱上司，岂不力保？即遇要钱官长，仓库充足，百姓感激，渠有何法，岂不绰绰然自由耶？于是乎身家保，妻子安，食甘眠稳，岂不快乎！吾今书此以待识者，是乎，否乎，吾亦不之自信也。愚谓居官仆从，总宜择其诚朴者量才器使。亦不必太多，只将就足用而已。太弦绝。陛下宜隆先王之道，荡涤烦苛之法，以奉天心。』帝深纳宠言。宠曾祖名咸，哀、成间以律令为尚书，常戒子孙曰：『为人议法当依于轻。』至宠事和帝为廷尉，议法务从宽厚。宠子忠复继为尚书而宽恕仍如祖父云。

袁安河南尹，政尚严明，然未尝以赃罪轻坐人，每曰：『凡仕者，高则望宰相，下则希牧守。锢人于盛世，吾不忍也。』闻者感激自励。

吴祐政尚仁简，以身率物。民有争诉者，闭阁自责，然后断决，以道义譬解，或身诣里间和解之，吏人怀而不欺。啬夫孙性，私赋民钱，市衣进父，父怒曰：『有君如此，何忍负之？趣自归罪。』性惭愧，诣阁持衣自首。祐屏左右问故，性具首实，祐曰：『掾以亲故，受污辱之名，所谓

「观过斯知仁矣。」』使归谢其父，还以衣遗之。有民邱长者，客醉辱其母，长杀之，祐捕得谓曰：『母见辱，人情所耻。然孝子忿必虑难，今背亲逞忿，赦若不义，刑若不忍，奈何？』长以械自击，愿就死。祐问长：『有子乎？』曰：『未有。』乃使妻同宿狱中，遂娠。至冬将行刑，啮指吞之曰：『妻幸生子，言我吞指，誓令儿报吴君也。』迁齐相，入为长吏。以争李固事，复出为河间相。年九十八卒。子凤，至乐浪太守；恺，新恩令；孙陵，鲖阳相：皆知名。

北魏济州刺史韩麒麟，为政尚宽。从事刘普庆曰：『公仗节方夏而无所诛斩，何以立威？』麒麟曰：『刑罚所以止恶，人主不得已而用之。今民不犯法，又何诛乎？若必欲诛斩立威，当以卿应之。』普庆惭惧而退。

李日知为刑部尚书，不行捶挞而事集。有令史受敕

三日，忘不行。日知怒，欲捶之，既而曰：『人谓汝能撩李日知嗔，受李日知杖，不得以为人。』遂释之。吏皆感悦，无敢犯者。

徐宏敏为蒲州司理，政尚仁恕，不施杖罚。民感其恩，更相戒曰：『犯徐参军杖者，必共斥之。』任满，不辱一人。

曹彬知徐州日，有吏犯罪立案，逾年始杖之。人皆不测，曰：『吾闻此吏新娶妇，若遽杖之，舅姑必以妇为不祥矣。吾故缓其罚，而亦不废法也。』

王文正公旦，平生未尝怒。家人欲试之，以少尘埃被羹中，公唯啖饭而已，问：『何以不食羹？』曰：『吾偶不喜肉。』一日，又墨其饭，公视之曰：『今日不喜饭，可具粥。』子弟尝诉于公曰：『食肉不饱，为庖人所私，可治

之。』公曰：『汝辈料食肉几何？』曰：『一斤，今但得半斤。』公曰：『今后人料一斤半可也。』其不发人过，皆类此。

李宗谔，其父文正公秉政时，远嫌避势，出入仆马，与寒士无辨。一日途遇贵人，前驺不知为公子，遽叱辱之。是后每见斯人，必自引蔽，恐其知而自愧也。

吕蒙正拜相，将入朝堂，有朝士于帘下指曰：『此子亦参政耶？』蒙正佯不闻，同列者欲诘其姓名，蒙正不许，曰：『若一知其姓名，终身便不能忘，不如不闻也。』

刘宽性仁恕。人失牛，就宽车认之，宽即解与，下车徒步。后数日，其人得牛，谢曰：『惭负长者。』宽曰：『物有相类，幸见归，何谢之有？』

何武为扬州刺史，敷政有度。时戴圣为九江太守，间

有不法。武廉得其罪，欲案之，圣惧，盛毁武于朝。而圣子以郡（群）盗狱，被系庐沍（江），圣自谓必死。武为平反得生，乃惭服。

欧阳文忠公知开封日，承包孝肃政猛之后，一切循理，不事风采。或以包之政励公者，公答曰：『凡人材性不一，各有长短。用其所长，事无不举；强其所短，政必不达。吾亦任吾所长尔。』闻者服其言。

张忠定公视事退后，有一胥役熟睡，公念，吾厅岂有敢睡者，此必心极忧懑，使之然耳。因问曰：『汝家有甚事？』对曰：『母久病，兄为客未归。』访之果然。公翌日差场务一名给之。此不特得宽严之分寸，而且得体恤之方矣。

韩魏公知大名州，有属官骆杯者，呈事状尾失署名。

公视状已，以袖覆之，仰首与语，语毕，徐还状。杯退，视其状，且愧且叹曰：『天下安有如公盛德者也？』其出镇西夏时，卒有以私事归家，临点不到，法当斩。乃上白曰：『母老病久，路隔不远，恐不及送死，故擅自归。诚知必死，今得送终，死无恨矣。』公恻然，核得实，以便宜释之，以数金使归治丧。军中感怆，有泣下者。

又魏公夜作书，一卒持烛立公前，偶他顾，燃公须。公以袖拂之，作书如故。少顷回视其人，已易去矣。公恐吏鞭之，急呼曰：『勿易，彼今已解持烛矣。』又有一玉盏，公最珍爱。一日宴客，吏触碎之。坐客惊愕，吏伏地待罪，公笑曰：『物破有定数，汝误耳，何罪之有？』观此数公之行事，性褊者，可以少和；性急者，可以少缓；性鄙者，可以少宽矣。于铁樵曰：『驭下者，苛虐固所不忍，而纵肆有所不宜。每见达官贵人之家，豪奴悍仆，尊如帝天。出则跃马鲜衣，入则呼卢浮白。或宾客踵门，而坐不为礼；或亲戚相访，而拒不为通。使强者忿怒而行，弱者饮恨而去。甚至借端生事，倚势诈财。为之主者绝不闻知，而众叛亲离，友愁人怨，已不知凡几矣。慎之，慎之！』旨哉斯言！吾愿当今居要津、列显位者，触目警心也。

尚书夏元吉，天性宽平。有从吏污其金织朝衣，惧而欲遁。公曰：『污可浣，何惧为？』又有吏坏公所宝石砚，匿不敢见，公召吏谕曰：『物皆有坏，吾亦何尝惜此也？』又冬月出使至馆，命馆人烘袜，误烧其一，馆人惧不敢告，濒行索袜甚急，左右请罪，公笑曰：『何不早白？』遂弃之而去。

陆五台掌吏部，朝觐时考察群吏，一县官大呼曰：

『五台老矣，胡不自休？贪位固宠，阻塞贤路。』五台不怒不辩，第曰：『少年人亦不可无此气概。』竟置其入平等。众服其量。

杨守陈以洗马乞假，驿丞不知其为何官，笑曰：『公官洗马，日洗几何？』杨亦笑曰：『勤则多洗，懒则少洗。』俄报御史至，则守陈门人也，跪而起居，丞乃蒲伏乞哀。守陈笑而舍之，毫不较焉。

屠应峻欲治一仆，怒甚。仆遑遽，求解于夫人。夫人笑谓『置一大鱼来。』屠素嗜鱼，见而诧其肥，夫人从旁笑曰：『但水宽耳。』仆遂获免。

清河令张勋，宽明自任，人不忍欺，爱民如子。民有争财贿者，以义平之；争礼法者，以情喻之。一方之内，雨旸以时，蝗虫不作，盗贼相戒出境，奸邪革心。为政五年，怨怼不闻，四方为之歌曰：『教我恕我，张公能之。亲我正我，张君是赖。我有亲母，张君似之，柔而不制。我有亲兄，张君似之，和而不争。』

李琮为湖南观察使，渔者献巨鲤，琮命家人烹之，腹中得一印文曰『衡山县印。』琮因索衡山县近日文书，视其印篆分明，似新铸者，乃召衡山令携印阅之，果新铸也。琮屏人诘之，令伏罪曰：『旧印为人窃去，某与吏并忧刑戮，乃潜命工人为之。今惟俟死，命也。』琮为秘其事，碎新印，令赍旧印归，县人罕知者。

吕文懿公初辞相位，归故里，有一乡人醉而詈之。公诫其仆曰：『醉者勿与较也。』逾年其人犯死刑，公始悔之曰：『使当时稍与计较，送公家责治，可以小惩而大戒。吾只欲存心宽厚，不谓养成其恶，陷人于有过之地。』

彭勖教授南雄，云南乡试聘为考官。抵广南，有称生员求见，贽以黄金，彭笑却之。三日后见前生复尾其后，彭大怒，叱左右擒之，不得。既至省，方镇诸公礼待甚厚，凡场屋事，唯其言是听。事竣，问之，乃知诸公以考官多私，各使人探之，而前日献金生，实所使也；因勖严不可犯，故加礼如此。此皆不以私废公者也。

孙宦某赋性强虐，家人小忤意，辄跣剥吊打，不至血流不止。尝宰浙中某县，鞭扑无虚日，百姓人人切齿。衙墙外有民家亲死作佛事，斋鼓扰其午睡，遽怒，拘而挞之。其他所为类此。后以贪酷被劾，去任之日，士民各掷瓦砾以送。未几，为仆所杀。

赵方崖述其乡有为州牧者，因庖人具馔失一鹅首，遂毙之杖下。后归田赀积颇厚，乃构一堂，庭栽双桂，扁之日『培桂。』一日夜坐于堂，忽空中嘎然似有鸟衔物掷地声，烛之，乃一腐鹅首也。其人骇汗。未几病死，家零落。至嘉靖己酉鬻其居于人，其承鬻者，王姓名培桂也。计其扁堂之岁，仅一周花甲耳。

格言

宽、严二字，乃为政之纲领，但宜因人、因地、因事而施，不可预存宽严之心。预存宽严之心，非流于极宽，即流于极严矣。如吾官其地，其地之民或奸或刁，吾用严以儆其奸，以惩其刁；若其俗仁厚朴素，吾当宽以治之。如吾官其地，五方杂处，强梁者多，吾严以治其强梁，而宽以安其良弱。或适当乱离，贼盗猖炽，吾严以治其贼盗，而宽以抚其流亡。又如审断一事，其人系绅士妇女，及老稚无知，愚民而犯法者，宜从宽也；若不孝不悌，干名犯

义，及抢夺妇女，奸中奸媒，诬人名节，刁笔起灭，游手唆讼者，治宜严也。如吾之胥役，因父母有疾，因自身有病，或失期，或误事，宜从宽也；至作奸犯科，指官撞骗，私押私放，诈取民财者，法宜严也。吾之家人，因事役于我，有过宜从宽也；至在外招摇嫖赌，倚势为非，有干公事者，惩宜严也。居官不预存宽严之心，而随事因应，庶免过中之弊矣。罗豫章曰：『朝廷立法不可不严，有司行法不可不恕。不严，则不足以禁天下之恶；不恕，则不足以通天下之情。』

地气高寒，便不生物。秋气严凝，有一般清高气象，固亦自好，终是肃杀。人常存温和恻怛之意，自然可爱。

《灼艾集》云：近见牧民之官，惟务姑息，以为爱民。不知为政一过于宽，纲纪不振，奸宄之徒，纷然而出，害

民之事，不可屈指。非政之善也，必宽严相济始佳。

欧阳文忠公尝曰：『吾于莅任初，宽简不扰。数日间，事十减五六；两月后，公府如僧庐矣。』盖宽不为苛急，简不为烦碎尔，非废事也。

卫玠尝谓：『人有不及，可以情恕，非意相干，可以理遣。』终身不见喜怒之色，为东晋名士第一。

《古今药石》云：『人好刚，吾以柔胜之；人用术，吾以诚感之；人使气，吾以理屈之。天下无难处之人矣。』

吕惠卿、章惇、吕嘉问、邓绾、李定、蒲宗孟、范子渊等，皆以罪斥外，言者论之不已。范纯仁言于太后曰：『录人之过不宜太深。』后然之，乃诏『前朝希合附会之人，一无所问，言者勿复弹劾。』惠卿党稍安，或谓吕公著曰：『今除恶不尽，将贻后患。』公著曰：『治道去太甚耳。

文景之世，网漏吞舟。且人材实难，宜使自新，岂宜使自弃耶！』

聪明深察而近于死者，好讥议人者也。博辩闳远而危其身者，好发人之恶者也。韩魏公见文字有攻人隐恶，必手自封记，不令人见，深足法也。

宋高宗曰：『台谏论事，虽许风闻，要须审实。如排击人才，岂无好恶？宜务大体，不摘纤瑕细务，强置人于过。岂惟阴德不浅，亦可以销刻薄之风，成忠厚之俗。』赵鼎曰：『圣训广大如此，言事官宜奉以周旋也。』

胡师苏云：『说人之短，而乃获己之短；夸己之长，而乃忌人之长，皆由存心不厚，识量太狭耳。若能克去此弊，岂惟进德，且以远怨。』

中黄子曰：『明不触物。』此言极有味。若洞然烛他人之恶，不随他转而已，此外不宜发明太尽；但当生大慈怜悯心，方便譬喻，引之归于正道。不可则止，毋自辱焉。若忿嫉于顽，极口攻之，则是与之修怨，何取其为明哉！

青天白日，和风庆云，不特人多喜色，即鸟鹊且有好音。若暴风怒雨，疾雷闪电，鸟亦投林，人亦闭户，乖戾之感，至于此乎！故君子以太和元气为主。

凡人语及不平，则气必动，色必变，辞必厉。惟韩魏公不然，更说到小人忘恩背义，欲倾己处，辞和气平，如道平常事。

《言行汇纂》曰：凡取人当舍其旧而图其新。自贤人以下，皆不能无过，或早年有过，中年能改，或中年有过，晚年能改。只当取其现今之无过，不宜追其曩昔之有过

也。若追究往日之过，并弃后来之善，将使人无迁善之门，而世无可用之材矣。以是处心，不过刻乎！且人亦以此心待我，恐我亦不能不为世所弃矣。

一味见人不是，则兄弟、朋友、妻子，及僮仆、鸡犬，到处可憎。故云：每事自反，真一帖清凉散也。

仁人心地宽舒，便福集而庆长，事事成个宽舒气象。鄙夫念头迫促，便录薄而泽短，事事得个迫促规模。韩魏公自言其生平，未尝见一不好人，可想其浩荡境界。

虚衷

温公论王介甫曰：『但执拗耳。』执拗二字，只从不虚心而生，一味但见自是，其误天下苍生至于此极。诸葛武侯之天资学问，当时无匹，然其下教国中，只求集思广益。人生总无自满境地，上而古圣昔贤，莫不如此。是以

来，已遣人奉迎。门司未报君至，何为抵此？』王曰：『不才幸忝科第，岂敢烦郡守父老致迓？故变姓名，诳迎者与门司而上谒。』守叹曰：『君真所谓状元矣。』遂卜其远大。

包孝肃，刚直不屈，僚属有所关白，多面折之；至于所言中理，亦未尝不怡然而改。由是人皆服之。

庞籍为七闽转运使，虚怀延访，惟恐民隐不得上闻。凡僚属有所关白，苟有利于民，即文书已行，亦追而改之。

李文达公贤，每以盈满为惧。取《毛诗》中语，扁其堂曰『临深』，以寓安不忘危之意。虽位极三孤，不治田宅，不蓄女侍。其容粹然，见者如坐春风中。论者谓自天顺以来，所以正君德，恤民生，进贤才，广言路，抑侥幸，正风纪，皆公之力。

程明道作令，常书『视民如伤』四字，语人云：『灏每日常有愧于此。』

谢上蔡见伊川，因问曰：『相别一年，做得甚工夫？』谢曰：『只去得一个「矜」字。仔细简点将来，病痛全在这里。』伊川点头。

葛守礼为陕西布政。当大计日，有小吏填老病当罢，葛请留之。吏部曰：『计簿出自藩司，何自忘也？』葛曰：『此边吏去省远，徒取文书登簿；今见其人，方知误填。过在布政司，何可使小吏受枉？』冢宰惊服曰：『谁肯于吏部堂上自陈过误耶？此可谓贤矣。』后官至刑部尚书。

赵德庄尝宰余干。赵忠定初冠多士，适德庄在朝，忠定往谒，德庄语之曰：『慎勿以一魁先置胸中。』时以为名言。

宋肃王与沈元用同使北地，馆于燕山愍忠寺。见一唐碑，辞甚骈丽，凡三千馀言。元用素强记，即朗诵一再。肃王且听且行，若不经意。元用归馆，欲矜其能，取笔追书，不能记者，阙之，凡阙十四字。肃王视之，即取笔尽补所阙，又改元用谬误四五处，置笔他语，略无矜色。元用骇服。语云：『休夸我能胜人，胜如我者更多。』信不诬也。

萧颖士恃才傲物。尝携壶逐胜，憩于逆旅，风雨暴至。有紫衣翁领一二童子避雨于此，颖士颇轻侮之。雨止，驺从入，翁上马呵殿而去，始知为吏部侍郎王某也。明日造门谢罪，引至庑下，坐而责之，复曰：『子负名傲物，其止于一第乎！』果终于扬州工曹。

格言

凡人视己之才能十倍于人者，无知狂徒也。微论日后绝无好处，即或名利以狂而得，终非栽福气象。惟要自己之德行十倍于人，方是自求多福。以此观人，验如龟筮。

泰山高矣，而泰山之上复有天。沧海深矣，而沧海之下复有地。推之学问亦然，何可自满。

孔子读《易》至《损》、《益》卦，喟然叹曰：『自损者求益其道者也，道愈益而身愈损，德愈高而心愈下，所以能大也。学者损其自多，以虚受人，虽愚夫未尝无取焉。故自满者，天下之善言，不入于耳也。』

孔子入太庙，见座右之器，注以水，中则正，满则覆，喟然叹曰：『夫物焉有满而不覆者乎？』子路曰：『敢问持满有道乎？』子曰：『聪明睿智，守之以愚。功盖天下，守之以让。勇力震世，守之以怯。富有四海，守之以谦。此所谓损之又损，持满之道也。』

人之不幸，莫过于自足。恒若不足故足，自以为足故不足。瓮盎易盈，以其狭而拒也。江海之深，以其虚而受也。虚己者，进德之基也。

詹体仁，字元善，知静江。尝曰：『居官之法，尽心平心而已。尽心则无愧，平心则无偏。』世服其确论。

范纯仁言于司马光曰：『愿虚心以延众论，不必谋自己出。谋自己出，则谄谀得乘间迎合矣。』

薛文清云：『万物不能碍天之大，万事不能碍心之虚。』又云：『水清则见毫毛，心清则见天理。人所以千病万病，只为有己。惟欲己富，惟欲己贵，惟欲己安，惟欲己

乐，惟欲己寿，而人之贫贱危苦死亡，一切不恤，由是生意不属。若能克去有己之病，廓然大公，富贵贫贱，安乐寿夭，皆如与人共之，则生意贯彻，便与万物为一体矣。』又云：『二十年来，治一怒字，尚未消磨得尽，以是知克己最难。中夜以思，只公之一字，乃见克己效验』。

《言行汇纂》曰：『凡人于燕会交接间，人品必不齐。或行检有玷，或相貌不全，或今虽贵显而出身微贱，或先世昌盛而后裔流落。以类推之，人所忌讳甚多。用心检点一番，勿犯人所忌，令其愧恨，亦君子长者之厚意，而亦处世之善道也。

忍

古人有言：『必有忍，其乃有济。』又曰：『欲成大事，必须少忍。』旨哉言乎！州县上事各宪，下逮僚属，其

间荣辱毁誉，岂无拂意之来？苟非存一『忍』字在心，逞己之私，少见辞色，未有不上下乖和而彼此胥失也。故事上之道，虽值事例应尔，而所见或有不同，居下者当诚其意，婉其词，款曲恳挚以开其悟。若犹未允，则俟其退而异日再进，当无不回之理。其或居下者有所不可，在上者亦当如是晓之。稍有所逞，虽当面强从，退而必有不堪者，日引月深，终于泄露。人见其乖忤也，谗谮之言随之而入，入则猜忌生而政事堕矣。为一时之忿，使上下之心离，阖境之民不得治，则其人之褊浅可知矣。至于地方公务，苟有不能忍之处，亦须坚忍。何也？忍者心平，心平乃合情理，而于事无攲侧；不忍者心偏，心偏则尚意气，而于事多错误。呜呼！富郑公谓忍为众妙之门，信夫。

事迹

昔娄师德体肥行缓，一日入朝，同列笑曰：『何异田舍翁？』娄曰：『某不为田舍翁，夫谁为之？』及弟除代州刺史，将行，谓曰：『吾兄弟宠遇过盛，时人所嫉，何以自全？』弟曰：『自今有唾我面者不与较，拭之而已。』师德愀然曰：『人唾汝面，怒汝也，拭之不逆其意而甚其怒乎？夫唾不拭自干，但当笑而受之耳。』

李沆为相，有狂生叩马上书，历诋其短。公逊谢曰：『俟归当详览。』生随马后大言曰：『居高位而不能匡济，又不能引退，能无愧乎？』公于马上跼蹐曰：『某屡求退，奈主上未允耳。』终无怒色。

富文忠公弼，尝有诟詈之者，公若罔闻。或告之，公曰：『詈他人耳。』或曰：『明呼公名。』公曰：『天下岂无同名姓者！』量之大如此。

杜文端公立德，德器厚重，人不见其喜愠之色。京师有无赖子，偶与公驺卒哄，乘醉随公舆后辱詈，公若不闻。无赖子随至邸第，詈不止。久之，公遣问曰：『骂可已乎？』无赖子归，酒醒，或告以昨辱相公，仓皇诣第谢罪。公慰遣之，予二金，令改行生理。无赖子感泣而去，卒为善人。此真休休有容之度，凡为士大夫者，当以此为法也。

陈忠肃公父，幼为同族所虐，适族中有同怒者，告翁曰：『某无道甚，我欲讼之于官，烦君为证。』翁力为劝阻。其人曰：『某有大怨于君，君宁不恨之耶？』翁叹曰：『宗党间何忍言一恨字。彼特学问未至，我与汝既知义理，当以忍耐为主，安可效尤？』其人感其言而止。

王守和与人无争，尝于案几间，大书忍字，至帏幌之属，画绣为之。明皇知其姓字，问曰：『卿名守和，已知不争。好书忍字，尤见至德。』对曰：『臣闻刚则必折，万事中忍为最上。』帝善之，赐以帛。

杨公翥有厚德，为景皇帝官僚，居京师，乘一驴。邻翁老而得子，闻驴鸣辄惊，公遂鬻驴徒行。天久雨，邻垣穴潴水公舍，家人欲与竞，公曰：『雨日少，晴日多，何竞为！』金水河桥成，诏简有德者试涉，廷臣首推公焉。

宋栗庵为吏部尚书，至长安街，有老妇着面衣，乘驴不下。从者误为男子呵之，老妇大诟曰：『我住京师五十余年，见了千千万万，希罕你这蚁子官儿。』宋至部语同僚，笑曰：『官亦不蚁子矣。』此妇人眼孔大，所谓见惯浑闲事也。若深山，穷谷人，见一顶纱帽，便战栗失措矣。

步骘字子山，汉末避难江东，与卫旌皆种瓜相善。会稽有焦征羌者，郡豪族，骘、旌寄食其地，惧为所害，以美瓜进，良久命见，焦坐中堂，自享大宴，另设坐牖外，留茹菜饭。旌不能食，骘恣餐饱。旌曰：『何能忍此粗粝？』骘曰：『吾等贫贱，主人以贫贱遇之，何所耻？』后骘仕吴拜右丞相。

张耳、陈馀，魏之名士，秦闻两人名，购求张耳千金，陈馀五百金。二人变名姓之陈，为里监门。里吏尝笞馀，馀欲起，耳蹑之使受笞；吏去，耳引馀之桑下，数之曰：『始吾与公言何如？今见小辱而欲死一吏乎？』耳之见，过馀远矣，馀卒败死，耳事汉富贵寿考，非偶然也。大智大勇，必能忍小耻小忿，岂肯与琐琐者较乎！

史良佐，南京人，为御史，巡西城，而家住东城，每出

入，怒其里人不为起。一日执数辈送东城御史，御史诘之，其居首者对曰：『民等总被倪尚书误却。』曰：『尚书何如？』曰：『尚书亦南京人，其在兵部时，每肩舆过里门，众或起，匿，辄使人谕之曰：「与尔曹同乡里，吾不能过里门下车，乃劳尔曹起耶？」民等愚，意史公犹倪公，是以无避，不虞其怒也。』御史内善其言，悉解遣之不问。倪尚书者，谓文毅也。

格言

袁氏《世范》云：人居家久和者，必本于能忍。然知忍而不知处忍之道，其失尤甚。盖忍，终有藏蓄之意，人之犯我，藏蓄而不发，不过一再而已，积之既多，如洪流之决，不可遏矣。不若随而解之，不寘胸次，曰此其不思耳，曰此其无知耳，曰此其失误耳，曰此其利害几何，而

使之入于吾心，虽日犯我者十数，亦不至形于言而见于色，然后见忍之功效为甚大，此真善处忍者矣。

吕本中《当官箴》云：当官处事，不与人争利者，尝得利；多退一步，尝进一步。取之廉者，得之尝过其初；约于今者，必获报于后。不可不思也。

王文成公初贬龙场，思州守遣人至驿侮公。诸彝不平，共殴辱之。守大怒，言诸当道，毛宪副科令文成谒谢，且谕以祸福。文成致书复之曰：『昨承遣人谕以祸福利害，且令赴太府请谢，此非道谊深情，决不至此。但差人至龙场凌侮，此自差人挟势擅威，非太府使之也。龙场诸彝与之争斗，此自诸彝愤愠不平，亦非某使之也。然则太府固未尝辱某，某亦未尝傲太府，何所得罪而遽请谢乎？跪拜之礼，亦小官常分，不足以为辱，然亦不当无故

而行之。不当行而行，与当行而不行，其为取辱一也。废逐小臣，所守以待死者，忠信礼义而已。又弃而不守，祸莫大焉！凡祸福利害之说，某亦尝讲之：君子以忠信为利，礼义为福。苟忠信礼义之不存，虽禄之万钟，爵以侯王之贵，君子犹谓之祸与害。如其忠信礼义之所在，虽剖心碎首，君子利而行之，自以为福也，况于流离窜逐之微乎！某之居此，盖瘴疠蛊毒之与居，魑魅魍魉之与游，日有三死焉。然而居之泰然，未尝以动其中者，诚知生死之有命，不以一朝之患，而忘其终身之忧也。太府苟欲加害，而在我诚有以取之，则不可谓无憾。使吾无有以取之而横罹焉，则亦瘴疠而已尔，蛊毒而已尔，魑魅魍魉而已尔。吾岂以是而动吾心哉！』

自处超然，处人蔼然。无事澄然，有事斩然。得意欲

然，失意泰然。非盛养者不能与于此。

薛文清曰：『辱』之一字，最所难忍，自古豪杰，多由此败。窃意辱之来也，察其人何如，彼小人耶则直在我，何怒之有？彼君子耶则直在彼，何怒之有？世人不审辱所自来，一以怒应之，此所以相仇而相害也欤！

杜正献公曰：作官第一在清，然口中不可出一『清』字。苟不知弢晦，同列贪得者多，必暗中谗言，适足以取祸耳。

或问吕荣阳公：『为小人所詈辱，当何以处之？』公曰：『上焉者，知人与己本一，何者为詈？何者为辱？自然无忿怒心也。下焉者，且自思曰：我是何等人？彼为何等人？若是答他，却与此人等也。如此自处，忿亦自消矣。』逆我者，只消宁省片时，便到顺境，方寸寥廓矣。故少

陵诗云：『忍过事堪喜。』

或问夏原吉公：『量可学乎？』公曰：『吾幼时有犯未尝不怒。始忍于色，终忍于心，久则自熟，殊不与人较，何尝不自学来？』

王昶为人谨厚，名其兄子曰默、曰沈；名其子曰浑、曰深，为书戒之曰：『吾以四者为名，欲使汝曹顾名思义，不敢违越也。夫物速成则疾亡，晚就则善终。夫能屈以为伸，让以为得，弱以为强，鲜不遂矣。夫毁誉者，爱恶之原，而祸福之机也。人或毁己，当退而求之于身。若己有可毁之行，则彼言当矣；若己无可毁之行，则彼言妄矣。当则无怨于彼，妄则无害于身，又何反报焉！』

慧远禅师曰：逆境易打，顺境难打。逆我者，只消一个忍字，不片时间，便是过了。若遇顺境，则诸事顺适

我意，无回避处。譬如磁石与针相逢，不觉不知，定是合做一处。无情之物，尚尔如此，况全身在情里作活者耶！

《言行汇纂》曰：人之谤我也，与其能辩，不如能容。人之侮我也，与其能防，不如能化。

《言行汇纂》曰：无事常若有事时提防，才可以弥意外之变。有事常如无事时镇定，方可以消局中之危。

知足

世际承平，海宇清晏。不事耕织之劳，安享衣食之福。读古圣贤之书，厕士大夫之列。受爵朝廷，荣名家乘。以此思足，足可知已。若不知足，便是无厌。得则愈贪，失则觖望，终日营营于富贵之中，但觉烦恼之意多，欢乐之机窒，其品行作为，必有不可对人之事，圣人所云『鄙夫无所不至』，正谓此也。呜呼！升沉皆有天命，境遇何与

身心？大贤终身不遇，箪瓢陋巷，犹且不改其乐，我何人斯，遭际已出大贤之上，只觉逾分而难安矣，何往不快然自足也。常能知足，便有坚定之操守，不为利禄所移，有恬退之性情，不为纷华所役，又居官者所当自警也。

事迹

阴兴，光烈皇后母弟也。后为贵人时，帝召兴欲封之，兴固让曰：『臣未有先登陷阵之功，而一家数人并蒙爵士，富贵已极，不可复加。』帝嘉之，不夺其志。贵人问故，兴曰：『大凡外戚之家，若不知谦退，自速祸耳。富贵已极，人当知足。』贵人感其言，深自降挹。

田豫字国让，武清人，仕魏，迁南阳守，屡辞位不听，乃曰：『年高七十而居位，譬之钟鸣漏尽，夜行不休也。』遂引疾去。

夷简，贬饶州，僚友又饯之曰：『此行尤光。』任满拜枢密副使，归休洛州，作『五知堂』，曰知恩、知道、知命、知足、知幸。为士大夫，三光之心不可有，五知之念不可无。有三光之心则近名，无五知之念则贪禄。

李若拙，字藏用，西安人，奇伟尚气节。历两浙转运使。自以浮沈许久，作《五知先生传》，谓知时、知难、知命、知退、知足也。子绎登进士第。

胡九韶学于吴康斋，家贫力耕，仅给衣食。每夕焚香谢天曰：『幸赐一日清福。』妻笑曰：『三餐菜粥，何谓清福耶？』胡曰：『幸生太平之世，又幸一家饱暖，室无病人，狱无囚人，非清福而何？』

郭英封荣国公，不治田产。太祖诘之，对曰：『臣一布衣，叨封爵，子孙衣食饶足，安敢增益，俾生侈心？』

江西甘矮梅，通五经，四方从学者甚众。一日有门生为御史者，谒见，甘款语久之，曰：『能少留蔬食否？』及设馔，惟葱汤麦饭而已。甘曰：『御史岂啖此者？第老夫易办耳。』口占一诗云：『葱汤麦饭暖丹田，麦饭葱汤也可怜。试向城楼高处望，人家几处未炊烟。』

泰和罗文庄公，兄弟叔侄，先后相继咸登高第。公由家宰归养，庭训甚严。仲子谒选，乞书帖当路，图仕南方，以便省问，公曰：『数字不足惜，惜认「义命」二字欠确耳。平生训汝为何，而有是言！』竟不与书。

新平令裴璞，素正直，卒于官。其友韦元方客陇右，道逢璞跃马来，骑从数十，惊问之，曰：『吾职西川掠剩使，专司世间财物之盈缩。夫世间农勤求谷，商勤求财，士勤求禄，只得本分所有，不勤则并其本分失之矣。故凡梁吕僧珍为冠军将军，封平国侯。其先以饭（贩）葱为业，及僧珍贵，兄子弃业为官，僧珍曰：『汝等自有常分，岂可妄求？但当速归葱肆耳。』

李日知为刑部尚书，屡乞骸骨，许之。妻曰：『产利空空，何辞之遽？』日知曰：『仕至此已过吾分，人亦何厌之有？』既罢，不治田园，惟饰台池，引宾客娱乐。

邵康节所寝之室，名曰『安乐窝』，自题诗曰：『墙高于肩，室大于斗。布被暖余，藜藿饱后。气吐胸中，充塞宇宙。』闻人之善则喜，诗曰：『乐见善人，乐闻善事，乐道善言，乐行善意。』晚教二子以六经，口未尝不道儒言，身未尝不蹈儒行，其诗曰：『羲轩之书，未尝去手。尧舜之谈，未尝离口。当冲和天，同乐易友。吟自在诗，饮欢喜酒。百年升平，不为不偶。七十康强，不为不寿。』老境从容，孰有如康节者乎。

李沆为相时，夫人请治第，沆曰：『吾力固可营办，但佛家以此土为缺陷世界，我安得皆圆满如意？』

宋王文正公旦，参知政事，官阶崇重。每家人称贺，必止之曰：『遭遇如此，愈增忧惧，何贺之有？』又司马温公与侄书云：『光近蒙圣恩，除门下侍郎。此皆祖宗馀庆，家门厚福，诚为多幸。但光素无才能，加以衰老，一旦显擢，出人意表，举朝之人，悉非旧识，如一黄叶，在烈风中，几何其不危坠？是以受命以来，有惧无喜，汝辈当识此意。』斯皆先贤不刊之论，特附此以为同官者劝。

范文正公为校理，忤章献太后，贬倅河中。僚友饯于都门曰：『此行极光。』后为司谏，谏废郭后，贬睦州，僚友又饯之曰：『此行愈光。』后知开封，撰百官图以进，忤吕一饮一啄，以至财宝，少过其数，吾皆得而掠之。』

格 言

《道德经》云：『罪莫大于多欲，祸莫大于不知足。』彼贪婪无厌者，即不思修福，独不思避祸乎？试述一二轶事以为鉴。

蔡泽说应侯曰：『翠鹄犀象，处世非不远死也，所以死者，惑于饵也。苏秦、智伯之智，非不足以辟辱远死也，所以死者，惑于贪利不止也。伸而能诎，往而能返，惟范蠡知之，超然避世，长为陶朱公。

《老子》曰：『知足者富。』又曰：『名与身孰亲？身与货孰多？得与亡孰病？甚爱必大费，多藏必厚亡。知足不辱，知止不殆，可以长久。』家坐无聊，亦念食力担夫，红尘赤日，汝官不达，尚有高才秀士，白首青衿。

鹃鹏六月息，故其飞也能九万里。仕宦无息机，不扑则蹶，故曰『知足不辱，知止不殆。』

为卑官则恨不享大位，及位高而颠踬倾危，回想卑官而受清平之福，天上矣。布衣粝食，则恨不富贵，一旦祸患及身，骨肉离散，回想布衣粝食时，妻子相保，天上矣。聪明强健，则恨欲不称心，一朝疾病淹缠，呻吟痛苦，回想聪明强健，天上矣。古人云：『上方不足，下方有馀，自在法门也。』

范文正公云：『常调官好做，家常饭好吃。人能甘于吃家常饭，然后甘于做常调官。』

《宦海慈航疏》曰：士自释褐而后，何处非肉林？亦何处非刀山？弥天杀因，多自进贤冠种之。自衡量世间，几许穷经白首，不得绾半通纶者？几许仰屋无聊，牛菽